CONTENIDO

INTRODUCCIÓN

En los últimos años, hemos visto un auge de los movimientos populistas de izquierda que buscan imponer su visión de la sociedad a través de políticas de identidad y corrientes ideológicas como el feminismo y el afrocentrismo. Estos grupos han logrado capturar el apoyo de una gran cantidad de jóvenes principalmente, y su influencia se ha extendido a nivel global. Sin embargo, a menudo se les acusa de promover políticas radicales y extremistas que pueden ser perjudiciales para la sociedad y la economía en general.

En este libro, nos proponemos analizar estas corrientes ideológicas y su impacto en la sociedad, especialmente en lo que respecta a las políticas públicas y la toma de decisiones. En particular, nos enfocamos en el movimiento de los progresistas, que ha surgido como una nueva izquierda del siglo XXI. Además, examinamos cómo estas ideologías se han convertido en el bastión de los progresistas, y cómo han sido utilizadas para promover sus agendas políticas.

AUTOR

La autora de este libro es Luz Polo, una política que ha vivido en diferentes países de Latinoamérica, incluyendo Venezuela y Colombia. Su experiencia en estos países, especialmente en Venezuela, donde fue perseguida política del régimen de Nicolás Maduro, la motivó a profundizar en el comportamiento de la izquierda. Luz Polo está convencida de que la izquierda ha tomado un nuevo disfraz, el del "progresismo", para engañar a la gente y seguir avanzando con su agenda destructiva.

Como ciudadana comprometida, Luz Polo ha estudiado y analizado la ideología de la izquierda y ha encontrado corrientes que, en su opinión, están llevando a la sociedad por un camino equivocado. Con su libro, ella quiere compartir sus investigaciones en un lenguaje sencillo y accesible, para que todos puedan entender el peligro que representa el avance de la izquierda.

CAPITULO I

MANUELA
la populista

MANUELA

San Miguelito, un rincón diminuto en tierras de América Latina, yacía envuelto en el abrazo sombrío de una crisis económica y social. El desempleo, la miseria y la desesperanza tejían la vida cotidiana de sus moradores. En medio de esta neblina de incertidumbre, surcó los cielos una figura carismática: Manuela, proclamada líder destinada a guiar al pueblo hacia un horizonte radiante, donde la promesa de un mañana mejor aguardaba a sus seguidores.

Ella era una mujer alta y de voz fuerte que transmitía seguridad y confianza. Vestía una camisa blanca de mangas largas, unos pantalones negros y unas botas de cuero. Su cabello, negro y rizado, caía por sus hombros con un estilo natural. Cuando hablaba, su postura era erguida y su gestualidad firme. Miraba a los ojos a quienes se acercaban a ella y su sonrisa franca los hacía sentir cómodos.

Manuela utilizaba una retórica emocional para ganar la simpatía de las masas. Sus discursos, se enfocaba en los problemas y las necesidades más urgentes del pueblo, como la falta de empleo, la inseguridad y la falta de acceso a servicios básicos y la lucha racial del siglo XIX. Prometía que, si la elegían como alcaldesa, cambiaría el rumbo del pueblo y traería un futuro mejor para todos.

Manuela utilizaba también un lenguaje simple y directo para hacer su mensaje más accesible a las personas menos educadas. Les hablaba como si fueran amigos, haciéndoles sentir que ella era una de ellos, y que juntos podían luchar contra los poderosos y lograr un cambio real.

Con el tiempo, Manuela logró capturar la atención de muchos ciudadanos, quienes se sumaron a su movimiento y la llevaron a la alcaldía. Sin embargo, una vez en el poder, Manuela cambió su discurso y sus promesas. Empezó a utilizar un lenguaje más ambiguo y evasivo, justificando las medidas impopulares que tuvo que tomar.

Los pobres de San Miguelito se dieron cuenta de que Manuela no era la líder que habían esperado. Las promesas de empleo y seguridad no se cumplieron y la economía empeoró. A pesar de esto, Manuela ahora vivía en una lujosa casa, rodeada de riquezas, y hasta utilizaba el helicóptero de la policía para hacer sus compras personales en la capital, mientras el pueblo se empobrecía cada vez más. Manuela era otra, ya no vestía igual, ya no hablaba igual, porque ella no era igual que los demás, ahora Manuela era la alcaldesa.

Esta historia es un ejemplo de cómo un líder populista puede utilizar un discurso emotivo y promesas grandiosas para ganar la confianza del pueblo, pero luego traicionar esa confianza y utilizar el poder para su propio beneficio.

Autores como Carlos Alberto Montaner y Álvaro Vargas Llosa han analizado el fenómeno del populismo en América Latina y han señalado cómo los líderes populistas utilizan la retórica del odio, la división de clases y los conflictos raciales para mantenerse en el poder, enriqueciéndose mientras sus seguidores se empobrecen cada vez más.

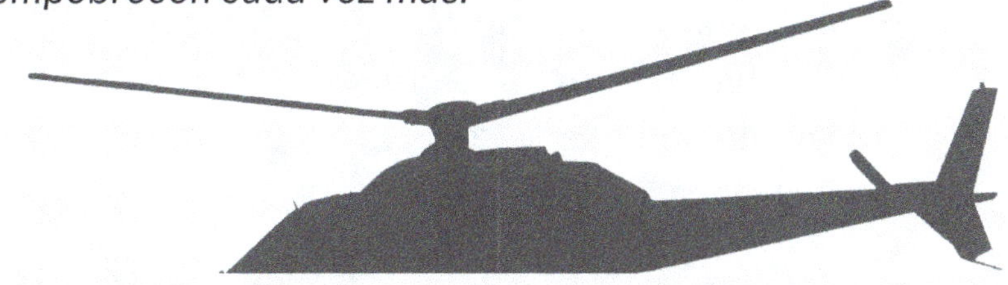

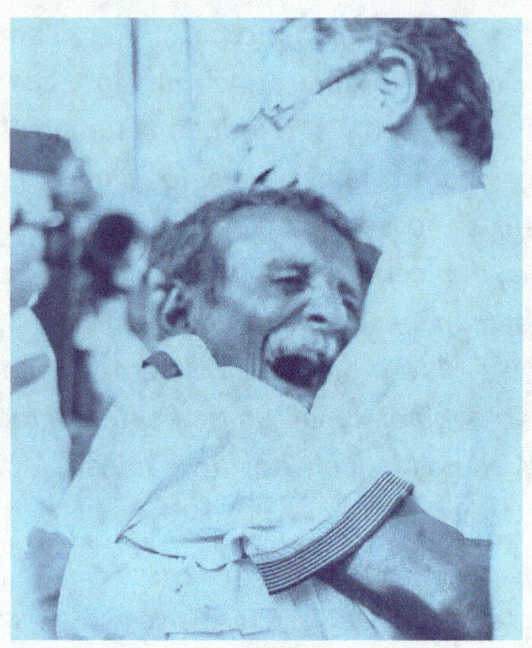

¿QUÉ ES EL POPULISMO?

El populismo ha sido un tema recurrente en la política latinoamericana, pero ¿qué es el populismo? Para entenderlo, consulté al politólogo argentino Ernesto Laclau, quien lo define como "un discurso político que busca construir una identidad colectiva a través de la polarización de la sociedad entre un 'nosotros' y un 'ellos', y que se sustenta en la figura de un líder carismático".

En América Latina, el populismo surgió en la década de 1930, liderado por figuras como Juan Domingo Perón en Argentina y Getúlio Vargas en Brasil. Estos líderes populistas prometieron mejoras económicas y sociales para la clase trabajadora, lo que les permitió ganar apoyo popular y llegar al poder.

En la actualidad, hay varios líderes populistas en la región, como Nicolás Maduro en Venezuela, Andrés Manuel López Obrador en México y Gustavo Petro en Colombia. Cada uno de ellos utiliza un discurso populista para ganar apoyo popular y mantenerse en el poder.

Para identificar a un candidato populista, es importante estar atentos a su discurso y sus propuestas, y no dejarse llevar por las emociones. Es recomendable evaluar la viabilidad y el realismo de las propuestas, analizar la trayectoria y los antecedentes del candidato, y buscar información y opiniones diversas antes de tomar la decisión del voto.

5 CARACTERÍSTICAS

Las características de un candidato populista pueden variar, pero algunas de las más comunes son:

1. Discurso simplista: el candidato populista tiende a simplificar los problemas complejos y ofrecer soluciones fáciles y rápidas.

2. Uso de la emoción: el candidato populista apela a las emociones de la gente, en lugar de basar su mensaje en datos y hechos concretos.

3. Identificación con el pueblo: el candidato populista se presenta como el líder que entiende y representa los intereses del pueblo, frente a una clase política corrupta y desconectada de la realidad.

4. Hostilidad hacia las élites: el candidato populista suele denunciar a las élites políticas, empresariales o intelectuales, presentándolas como enemigos del pueblo y culpables de los problemas del país.

5. Propuestas polarizantes: el candidato populista tiende a ofrecer propuestas que dividen a la sociedad entre "nosotros" (el pueblo) y "ellos" (las élites), generando confrontación y polarización.

El populismo tiene consecuencias políticas y económicas negativas que han llevado a muchos países al colapso.

6 CONSECUENCIAS

POLÍTICAS

1. Polarización de la sociedad
2. Erosión de las instituciones democráticas.
3. Concentración de poder en manos del líder populista.

ECONÓMICAS

4. Inflación
5. Déficit fiscal
6. Falta de inversión extranjera.

LOS POPULISTAS AMAN A LOS POBRES

En América Latina, muchos líderes de izquierda han recurrido a la retórica de la lucha contra los ricos y poderosos para ganar el apoyo de las masas. Sin embargo, detrás de la fachada de la igualdad y justicia, muchos de estos gobernantes han utilizado su posición para enriquecerse a sí mismos y a sus familias, creando una brecha aún mayor entre los ricos y pobres.

Uno de los ejemplos más notorios es el de las hijas del difunto presidente venezolano, Hugo Chávez, quienes amasaron una fortuna de 4 Mil Millones de dólares a través de negocios y conexiones gubernamentales. En un país donde la mayoría de la población lucha por sobrevivir, la riqueza de las hijas de Chávez es un ejemplo claro de cómo la lucha contra los ricos a menudo es solo una fachada para el enriquecimiento personal.

Otro ejemplo es el del hijo de Nicolás Maduro (Presidente de Venezuela) quien fue acusado durante el gobierno de Trump, de aprovecharse de las minas de oro que hay en Venezuela.

En Colombia al hijo del Presidente Gustavo Petro, le aperturaron una investigación por supuesto lavado de activos, provenientes de la mafia. Tambien la vicepresidenta Francia Marquez quien durante campaña dijo que le incomodaba montarse en camionestas de lujo, ha sido censurada por la opinión pública por utilizar un helicóptero para trasladarse a su casa, generando un gasto de 11.500 millones de pesos al año, por el uso del helicóptero (Revista Semana)

Es importante entender cómo los líderes de izquierda populista pueden utilizar la retórica de la lucha contra los ricos para dividir a la sociedad y mantenerse en el poder, mientras que en realidad se benefician de la corrupción y la falta de transparencia. Esto debe ser un llamado a la responsabilidad y transparencia en el liderazgo, y a una verdadera lucha contra la corrupción.

3 RAZONES DEL DISCURSO POPULISTA A FAVOR DE LOS POBRES

Es importante tener en cuenta que la defensa de los pobres por parte de los candidatos populistas no siempre es genuina y puede utilizarse de manera manipuladora.

Su discurso se basa en la idea de que existe una lucha de clases entre las élites y el pueblo, y que los pobres son la parte más vulnerable y oprimida de la sociedad.

1

Porque la defensa de los pobres les permite movilizar a una parte importante de la población que se siente marginada y excluida de los beneficios del sistema económico y político.

2

Es una estrategia efectiva para generar simpatía y apoyo popular, ya que el bienestar de los sectores más desfavorecidos de la sociedad es una preocupación compartida por gran parte de la población.

3

3 RAZONES DEL DISCURSO POPULISTA EN CONTRA DE LA ELITE

Porque este discurso les permite presentarse como los únicos capaces de representar los intereses del pueblo, frente a una clase política o económica que, según ellos, está desconectada de la realidad y solo se preocupa por sus propios intereses.

1

La crítica a las élites les permite generar un enemigo común y polarizar la sociedad, creando un clima de confrontación y movilizando a sus seguidores en torno a su figura.

2

Para desacreditar a los oponentes políticos y a los medios de comunicación, que suelen ser percibidos como aliados de las élites y por lo tanto, como enemigos del pueblo.

3

¿LOS POPULISTAS SON DE IZQUIERDA O DE DERECHA?

La posición política de los candidatos y gobiernos populistas no siempre es fácil de categorizar como de izquierda o de derecha, ya que a menudo adoptan un comportamiento populista que se enfoca más en movilizar a las masas que en seguir una ideología política coherente. Sin embargo, muchos líderes populistas han surgido históricamente de la izquierda, en particular del llamado "populismo de izquierda", que se enfoca en representar a los trabajadores y los desfavorecidos frente a las élites económicas.

En los últimos años, sin embargo, se ha visto un aumento en el número de líderes populistas de derecha, que a menudo se centran en temas como la inmigración, la identidad nacional y la defensa de los valores tradicionales. En general, se podría decir que los líderes populistas se definen más por su retórica antiélite y anti-establishment que por una afiliación política clara y definida.

CAPÍTULO II

ALGO ESTA SUCEDIENO

Recuerdo claramente aquel día en el café, cuando una noticia en Facebook llamó mi atención. Un grupo de estudiantes universitarios había organizado una protesta en la entrada de una ciudad ubicada en México, exigiendo que se retirara la estatua de un personaje histórico de la época de la conquista, porque supuestamente era ofensiva para la minoría indígena de aquella ciudad.

En aquel momento, no entendía cómo una simple estatua podía generar tanta controversia y alboroto. Sin embargo, a medida que profundizaba en el tema, me di cuenta de que esto era solo la punta del iceberg.

La sociedad occidental estaba siendo influenciada por una nueva corriente política que estaba emergiendo y ganando terreno: el progresismo

Este movimiento se autodenomina como defensor de la inclusión y la justicia social, pero en realidad busca imponer su ideología y visión del mundo a través de la censura, la represión, la violencia y la manipulación de las masas.

En la corriente progresista, el sentido común y la libertad individual no tienen espacio alguno. Utilizan la "ideología indigenista" para justificar la violencia, el odio y la destrucción de los bienes públicos, y generan turbas sociales que dividen y causan caos en la sociedad.

Autores como Jordan Peterson, en su libro "12 reglas para vivir", han argumentado que el progresismo se ha convertido en una fuerza que amenaza con destruir los valores tradicionales de la sociedad occidental. Su enfoque en la diversidad cultural, la corrección política y la igualdad de grupos minoritarios ha generado una sociedad cada vez más fragmentada y polarizada, en detrimento de la cohesión social y la identidad nacional.

Otro autor relevante en este tema es Douglas Murray, quien en su libro "El extraño suicidio de Europa" analiza cómo el progresismo está conduciendo a la autodestrucción de la cultura europea y de la sociedad occidental en general, a través de la inmigración masiva, la corrección política y el multiculturalismo.

En resumen, el impacto negativo de la corriente progresista en la sociedad occidental es evidente. Su imposición de ideologías extremas, la polarización y la fragmentación social que generan, y la destrucción de valores tradicionales son solo algunas de las consecuencias de esta corriente política. Es importante reflexionar sobre estos temas y tomar medidas para evitar la división y el caos que el progresismo puede generar en nuestras sociedades.

LA NUEVA IZQUIERDA DEL SIGLO XXI

La afirmación de que la corriente progresista es la nueva izquierda es un tema controvertido y debatido en el ámbito político y académico. Algunos expertos en el tema sostienen que, a medida que la sociedad ha ido evolucionando, también han evolucionado las corrientes políticas y que la corriente progresista, en la actualidad, representa la renovación de la izquierda.

La corriente progresista se considera de izquierda por su compromiso con la igualdad social, la justicia económica, la mayor intervención del Estado y la promoción de la diversidad cultural. Estos son valores y objetivos históricamente asociados con la izquierda política.

Además, muchos líderes y movimientos progresistas se identifican expresamente como de izquierda, como Bernie Sanders en los Estados Unidos o el partido Podemos en España. Por lo tanto, la corriente progresista es vista por muchos como una continuación y evolución de la tradición de la izquierda política.

4 CARACTERÍSTICAS DE LA NUEVA IZQUIERDA

1

El eco-socialismo: Esta corriente se enfoca en la necesidad de proteger el medio ambiente y promover la justicia social al mismo tiempo. Los eco-socialistas buscan cambiar el sistema económico actual por uno que sea más sostenible y justo, y que tenga en cuenta las necesidades de la naturaleza y de las generaciones futuras.

2

El feminismo interseccional: Esta corriente se enfoca en la lucha contra la opresión de género, pero también toma en cuenta otras formas de opresión como la raza, la clase social, la orientación sexual y la identidad de género. El feminismo interseccional busca una sociedad más inclusiva y equitativa para todas las personas, independientemente de su género o identidad.

El populismo de izquierda: Esta corriente se enfoca en la defensa de los derechos de los trabajadores y en la lucha contra la desigualdad económica. Los populistas de izquierda buscan una mayor redistribución de la riqueza y la creación de políticas económicas que beneficien a las personas más vulnerables.

3

La política identitaria: Esta corriente se enfoca en la defensa de las minorías y en la lucha contra la discriminación basada en la raza, la etnia, la religión o la orientación sexual.

4

PENSADORES
INFLUYENTES

Algunos de los pensadores más influyentes de la corriente progresista han sido Herbert Marcuse, Michel Foucault y Judith Butler, entre otros.

1. Marcuse, por ejemplo, argumentaba que la opresión no solo venía de las instituciones políticas y económicas, sino también de la cultura y la moralidad de la sociedad. Según él, la sociedad occidental estaba atrapada en una "falsa conciencia" que justificaba la opresión y la explotación. Para Marcuse, la liberación solo podría lograrse a través de una "reeducación" de la sociedad y una ruptura radical con la cultura y la moralidad tradicional.

2. Foucault, por su parte, se centró en el poder y la opresión en las relaciones sociales. Para él, el poder no solo se ejerce a través de las instituciones, sino también a través de las relaciones de poder que existen en la vida cotidiana. Según él, las relaciones sexuales y de género eran particularmente importantes porque reflejaban las relaciones de poder en la sociedad. Foucault argumentaba que la liberación solo podría lograrse a través de la subversión y la desarticulación de estas relaciones de poder.

3. Butler, por último, se centró en la construcción social del género y la identidad sexual. Según ella, el género no es algo innato o biológico, sino algo que se construye socialmente. Sin embargo, esta teoría va encontra del estamento científico.

EL IMPACTO DE LOS PROGRESS EN AMÉRICA LATINA

a un día caluroso en Caracas, Venezuela, Ana una pediatra de 35 años, camina por las calles de la ciudad en busca de alimentos y medicinas para su familia. Lleva horas haciendo fila en diferentes establecimientos, pero todo parece estar agotado o fuera de su alcance económico. La situación es cada vez más desesperada, la inflación es desorbitada y los precios de los productos básicos se han disparado, mientras que el salario mínimo no alcanza ni para cubrir una mínima parte de los gastos.

La situación de Ana y su familia es compartida por millones de venezolanos, quienes fueron víctimas del colapso económico y político de su país, resultado de décadas de políticas socialistas y estatistas. La nueva izquierda ha sido la fuerza que ha impulsado estas políticas en América Latina durante el siglo XX.

La corriente progresista ha tenido un impacto significativo en los países de América Latina, tanto en términos económicos como en aspectos sociales, de salud, seguridad y democracia. A continuación, se mencionan algunas de las consecuencias más destacadas:

1 En Venezuela, los resultados de la corriente progresista "La Nueva Izquierda" han sido desastrosos. Se estima que 5,6 millones de venezolanos migraron debido a la crisis humanitaria, 15.000 empresas cerraron, el índice de homicidios llego a 60,3 por cada 100.000 habitantes, el 96% de los venezolanosen pobreza, la inflación alcanzó un pico de 10.000.000%, y se produjo un fenómeno de hiperinflación único en el continente.

2 En Colombia, la implementación de políticas progresistas en la educación generó un aumento en la polarización política y la exclusión de voces disidentes, lo que resulto en un aumento de la violencia. El presidente, Gustavo Petro, es un exguerrillero durante su campaña política se definió abiertamente como progresista, lo que ha llevado a que más de 500.000 colombianos emigraran en el 2022, un aumento significativo en comparación con el promedio anual de 100.000.

Petro propuso una política de seguridad basada en el concepto de "seguridad humana", que busca contabilizar el aumento de la vida en lugar del número de homicidios; aplicando el mismo mecanismo de Chavez cuando modificó el método de cálculo del IPC para reducir la inflación en Venezuela. Gustavo Petro propuso destipificar del código penal una serie de delitos para asi bajar los índices de criminalidad, una estrategia que genero preocupaciones sobre la seguridad y la estabilidad política en Colombia.

3

En países, como México, Honduras y El Salvador (Gobierno de Sánchez Cerén), la corriente progresista promovió políticas de "pacificación" que redujeron la presencia del Estado en zonas donde el crimen organizado y la violencia eran comunes. Estas políticas generaron una mayor impunidad, debilidad institucional y descontrol en materia de seguridad pública, lo que aumento los niveles de violencia y de inseguridad en la población.

4 Afectaciones en democracia: países, como Bolivia, Ecuador y Venezuela, la corriente progresista ha promovido políticas que han debilitado el sistema democrático, reduciendo la libertad de prensa y la independencia judicial, y generando un mayor control estatal sobre los medios de comunicación y la sociedad civil. Además, en algunos casos, se han utilizado los recursos públicos para financiar campañas políticas y para reprimir a los opositores, lo que ha debilitado la transparencia y la equidad en los procesos electorales.

En resumen, la corriente progresista ha tenido un impacto mixto en los países de América Latina, y aunque en algunos casos ha logrado avances en términos de inclusión social y reducción de la pobreza, en otros ha generado graves problemas económicos, sociales, de salud, seguridad y democracia. Entre los países más afectados se encuentran Venezuela, Colombia, Bolivia, Nicaragua, Argentina, Ecuador, Honduras, y El Salvador.

CAPÍTULO III

IDENTIDAD
BASTIÓN POLÍTICO
DE LOS PROGRESS

LOS AMIGOS
REUNIDOS

Había una vez un pequeño pueblo, ubicado a las orillas del océano atlantico, este pueblo se llamaba "Amigos Reunidos" en el que todos se conocían. Las personas solían llevar una vida tranquila y pacífica, sin mayores problemas. Sin embargo, un día llegó un grupo de políticos con una propuesta interesante: querían representar a los grupos marginados y luchar contra la opresión. Estos políticos se denominaban a sí mismos "progresistas" y creían en la política de identidad.

Pronto, los progresistas empezaron a dividir a la gente en grupos según su identidad. Había grupos para las mujeres, los negros, los indígenas, los LGTBIQ+ y muchos más. Cada grupo tenía sus propias demandas y reivindicaciones, y los progresistas se dedicaron a luchar por sus derechos.

Pero la lucha no fue fácil. En el pueblo empezaron a surgir conflictos entre los distintos grupos, cada uno queriendo que sus demandas fuesen las primeras en ser atendidas. Las mujeres pedían igualdad salarial, los negros reclamaban justicia y reparaciones históricas, los indígenas querían el respeto a sus tierras y tradiciones, y los LGTBIQ+ pedían el reconocimiento de sus derechos.

Así como ocurrio en "Amigos Reunidos" hoy la política de identidad se ha extendido por todo el mundo occidental, generando tensiones y conflictos en la sociedad. Los líderes políticos han utilizado esta política para mantenerse en el poder y dividir a la sociedad a su antojo. Sin embargo, la política de identidad no es la solución a los problemas del mundo, sino que es la causa de muchos de ellos.

DISTORSIÓN DE LA LIBERTAD DE EXPRESIÓN

En 2018, una profesora de la Universidad de California en Los Ángeles (UCLA) fue acosada y amenazada después de expresar su opinión sobre la política de identidad en una entrevista. Ella había cuestionado si las políticas de diversidad estaban limitando la libertad de expresión en los campus universitarios.

Después de la entrevista, la profesora recibió correos electrónicos amenazantes y fue víctima de acoso en línea. Afortunadamente, ella se mantuvo firme en sus convicciones y no se dejó intimidar. Pero su historia es un recordatorio de que la libertad de expresión está siendo cada vez más amenazada por aquellos que quieren silenciar opiniones contrarias.

Hace unos meses, asistí al cumpleaños de mi amigo Fernando, habíamos varios amigos reunidos, de repente se inició una discusión sobre temas políticos y sociales.

Gisela una de mis amigas, mujer de negocios exitosa, empezó a expresar su opinión sobre un tema de homosexualidad, ella manifestó que, aunque su hermano era gay y lo acepta, ella no estaba de acuerdo con la marcha del LGTB. En cuestión de segundos, Jonathan un amigo en común, se levantó molesto de la mesa y se retiró a otra habitación, diciendo que no quería escuchar sus "opiniones ofensivas y ridículas".

Este incidente me hizo reflexionar sobre cómo la política de identidad ha influido en nuestra capacidad para tener conversaciones abiertas y honestas. Es comprensible que algunas personas se sientan ofendidas por ciertos puntos de vista, pero la respuesta no debería ser retirarse y cerrar la conversación. En cambio, debemos estar dispuestos a escuchar perspectivas diferentes, incluso si no estamos de acuerdo con ellas.

La política de identidad ha tenido un impacto significativo en la forma en que se ejerce la libertad de expresión en nuestra sociedad. Las demandas de inclusión y diversidad han llevado a la limitación de la libertad de expresión, el cómo podemos luchar para proteger esta libertad esencial.

Al proteger la libertad de expresión, podemos garantizar que todos tengan la oportunidad de expresar sus opiniones y contribuir al diálogo en nuestra sociedad.

FUNDAMENTO
IDEOLÓGICO

María es una joven estudiante universitaria que siempre se ha sentido un poco insegura acerca de su identidad y lugar en el mundo. Un día, en la universidad, María escuchó por primera vez el término "política de identidad" de una compañera de clase que estaba involucrada en un grupo de activismo estudiantil.

Poco a poco, María comenzó a investigar sobre la política de identidad y su fundamento ideológico. Se sorprendió al descubrir que la política de identidad se basa en la idea de que la identidad de una persona está determinada por su raza, género, orientación sexual, religión y otros aspectos de su vida.

A medida que profundizó en el tema, María se unió a un grupo de activismo estudiantil que promovía la política de identidad en el campus. Pronto se encontró participando en debates y manifestaciones, y sintió que finalmente había encontrado un sentido de pertenencia y propósito.

Sin embargo, un día, María conoció a un estudiante de intercambio que había crecido en un país donde la política de identidad no era común. El estudiante le preguntó por qué la política de identidad era tan importante para ella y para su grupo de activistas.

María intentó explicarle la importancia de reconocer la diversidad y luchar contra la opresión, pero el estudiante no parecía convencido. Le contó que en su país la gente se enfoca más en las similitudes que en las diferencias, y que la política de identidad podría llevar a una mayor división en lugar de unión.

Esta conversación dejó a María cuestionando su propia perspectiva. ¿Realmente la política de identidad estaba promoviendo la unidad y la justicia social, o estaba contribuyendo a la división y el conflicto? María comenzó a investigar más profundamente sobre el tema, leyendo argumentos de críticos y defensores de la política de identidad.

.Finalmente, María llegó a la conclusión de que la política de identidad, si bien importante para reconocer la diversidad y luchar contra la opresión, también puede ser utilizada para justificar la exclusión y la división. Ella decidió que lo mejor sería enfocarse en la igualdad y el respeto mutuo, sin exagerar las diferencias identitarias.
A pesar de su cambio de enfoque, María aún sigue siendo una activista comprometida en la lucha por la justicia social, pero ahora con una perspectiva más crítica y consciente de las implicaciones de la política de identidad.

La política de identidad es un término utilizado para describir el énfasis creciente en la identidad social y cultural en la política contemporánea. Los defensores de la política de identidad argumentan que esta es necesaria para combatir la discriminación y la opresión histórica de grupos marginados. Sin embargo, los críticos argumentan que la política de identidad puede promover la división y la exclusión en la sociedad, en lugar de la inclusión y la justicia.

Autores como Kimberlé Crenshaw, una profesora de derecho estadounidense, han argumentado que la política de identidad es necesaria para abordar las formas en que la discriminación y la opresión pueden ser experimentadas de manera diferente por diferentes grupos en función de su identidad social y cultural. Crenshaw introdujo el concepto de interseccionalidad, que señala que las personas pueden experimentar múltiples formas de discriminación basadas en su género, raza, orientación sexual, entre otros aspectos de su identidad.

Por otro lado, autores como Francis Fukuyama han criticado la política de identidad, argumentando que puede promover la exclusión y la división en la sociedad. Fukuyama sostiene que la política de identidad es incompatible con la democracia liberal, ya que enfatiza la diferencia y la exclusión en lugar de la unión y la igualdad de derechos.

Otro crítico de la política de identidad es Jordan Peterson, un profesor de psicología clínica canadiense. Peterson ha argumentado que la política de identidad es peligrosa porque promueve la idea de que la identidad es más importante que la individualidad y el mérito. Él sostiene que esto puede llevar a la discriminación y la opresión de aquellos que no pertenecen a grupos identitarios privilegiados.

Para combatir la política de identidad, algunos sugieren centrarse en la igualdad de oportunidades y derechos en lugar de la identidad. También se ha argumentado que se debe promover la educación y el diálogo intercultural para fomentar la comprensión y el respeto por las diferentes identidades culturales y sociales. Además, es importante fomentar la idea de que todos los individuos tienen el derecho de ser tratados con igualdad y dignidad, independientemente de su identidad social o cultural.

VOCES POLÍTICAS

La política de identidad ha sido abrazada y promovida por diversos líderes políticos en diferentes países y regiones del mundo.

1

Estados Unidos: En los Estados Unidos, la política de identidad ha sido promovida por líderes políticos y activistas de izquierda como Angela Davis, bell hooks, Cornel West y Kimberlé Crenshaw, quienes han trabajado para destacar la opresión y las luchas de diferentes grupos marginados, incluyendo a las mujeres, las personas LGBTQ+, las personas de color y los pueblos indígenas.

2 *Canadá: En Canadá, la política de identidad ha sido abrazada por líderes políticos y activistas de izquierda como Justin Trudeau, quien ha trabajado para promover la diversidad y la inclusión en la sociedad canadiense, y Naomi Klein, quien ha abogado por políticas que aborden las desigualdades económicas y sociales y aborden los impactos del cambio climático.*

3 *América Latina: En América Latina, la política de identidad ha sido promovida por líderes políticos y activistas de izquierda que buscan abordar las desigualdades socioeconómicas y las luchas de diferentes grupos marginados. Entre ellos se encuentran Evo Morales en Bolivia, Rafael Correa en Ecuador, Lula da Silva en Brasil, Hugo Chávez en Venezuela y Gustavo Petro en Colombia.*

4 Europa: En Europa, la política de identidad ha sido promovida por líderes políticos y activistas de izquierda que buscan abordar las desigualdades socioeconómicas y las luchas de diferentes grupos marginados. Entre ellos se encuentran Jeremy Corbyn en el Reino Unido, Jean-Luc Mélenchon en Francia y Pablo Iglesias en España

.

ARGUMENTOS CONTRA LA POLÍTICA DE IDENTIDAD

Los fundamentos ideológicos en contra de la política de identidad se centran en la idea de que la identidad individual es compleja y multifacética, y que la reducción de la identidad a un solo factor (como la raza, género o orientación sexual) es problemática y divisiva. Además, los críticos de la política de identidad argumentan que esta fomenta la división en lugar de la unión, y que enfatiza la victimización en lugar de la resiliencia.

Uno de los autores que ha criticado la política de identidad es el filósofo y activista político Cornel West, quien ha argumentado que la política de identidad ha sido cooptada por la elite y ha perdido su conexión con la lucha por la justicia social. West ha señalado que la política de identidad se enfoca en la "diversidad" en lugar de la "igualdad", y que esto ha llevado a una situación en la que las identidades se utilizan como monedas de cambio en una lucha por el poder.

Otro autor que ha criticado la política de identidad es el escritor y periodista Andrew Sullivan, quien ha argumentado que la política de identidad se ha convertido en una forma de fanatismo que está dañando la democracia y socavando los valores liberales de la sociedad. Sullivan ha señalado que la política de identidad promueve la censura, el autoritarismo y la intolerancia hacia aquellos que no comparten las mismas opiniones.

Además, el psicólogo y profesor de la Universidad de Toronto, Jordan Peterson, también ha criticado la política de identidad. Peterson ha argumentado que la política de identidad es una amenaza para la libertad individual y que puede llevar a una sociedad dividida y caótica. Peterson ha señalado que la política de identidad fomenta la victimización y promueve la idea de que la vida es una lucha constante entre grupos oprimidos y opresores.

En resumen, los críticos de la política de identidad argumentan que esta fomenta la división y la victimización en lugar de la unión y la resiliencia, y que enfatiza la identidad en detrimento de otros aspectos de la vida humana.

CAPÍTULO IV

CORRIENTES IDEOLÓGICAS UTILIZADAS POR LOS PROGRESS

INDIGENISMO

Juan estaba en su oficina trabajando en su computadora cuando escuchó un grito en la calle. Salió a ver qué estaba pasando y vio a un grupo de jóvenes derribando una estatua de Cristóbal Colón.

Uno de los jóvenes, David, justificaba su acción diciendo que Colón era un genocida que destruyó la cultura indígena y trajo la esclavitud a América. Otro joven, Carlos, se sumó a la conversación y habló sobre la ideología indigenista y la importancia de recuperar la identidad y la cultura de los pueblos originarios. Juan, que tenía ascendencia española, se sintió incómodo y se acercó para intentar razonar con los jóvenes. Les habló de la importancia de respetar la historia y de no caer en el odio y la violencia.

Pero los jóvenes no estaban dispuestos a escuchar y le respondieron con gritos y descalificaciones.

Juan se retiró a su oficina pensando en cómo la ideología indigenista y la manipulación política estaban llevando a la sociedad al odio y la intolerancia.Más tarde, en casa, Juan vio en las noticias cómo el presidente López Obrador exigía al presidente de España que pidiera disculpas por la conquista de América y la destrucción de la cultura azteca. Juan no podía entender cómo se podía exigir una disculpa por algo que había ocurrido hace más de 500 años, y por algo en lo que él no tenía ninguna responsabilidad.

La historia le había enseñado que la conquista de América no había sido un proceso unidireccional de opresión y violencia. También había habido avances tecnológicos y culturales, intercambio de ideas y conocimientos, y un mestizaje que había dado lugar a una nueva identidad latinoamericana.

Pero la manipulación política estaba distorsionando esta realidad, fomentando el odio y la división entre los pueblos.

La ideología indigenista es una corriente que defiende los derechos y la identidad de los pueblos indígenas y su cultura.

Sin embargo, algunos grupos radicales han tomado esta ideología y la han utilizado como herramienta para fomentar el odio hacia la sociedad española y justificar la destrucción de estatuas de Cristóbal Colón y otros personajes históricos.

En algunos países de Latinoamérica, se han dado casos de turbas sociales que han destruido estatuas de personajes históricos, acusándolos de haber sido colonizadores y haber cometido actos de opresión contra los pueblos indígenas. Sin embargo, esta forma de protesta no siempre es pacífica y puede generar conflictos y violencia.

El expresidente de México, López Obrador, exigió al rey de España que pida perdón por la destrucción de la civilización azteca y por los crímenes cometidos durante la conquista de América.

Esta postura ha sido criticada por algunos sectores, ya que consideran que se está utilizando la ideología indigenista como una herramienta política para fomentar la división entre los pueblos. Y así debilitar los lazos culturales que nos unen como sociedad occidental.

Algunos críticos de la ideología indigenista señalan que se utiliza como justificación para el odio hacia los españoles, sin tener en cuenta que la conquista de América fue un proceso histórico complejo, en el que también se dieron intercambios culturales y mestizajes.

AFROCENTRISMO

Francisca Martinez, una mujer con raíces afrodescendientes, supo utilizar la corriente afrocentrista como arma política para llegar al poder. Con un discurso que apelaba a la igualdad y a la justicia social, ganó la simpatía de las comunidades negras de Venezuela, que la apoyaron en su carrera hacia la presidencia.

Una vez en el poder, Francisca cambió su forma de vida radicalmente. Ya no se trasladaba en su modesto carro hasta su casa, sino que viajaba solo en helicóptero y avión. Sus discursos sobre la pobreza y la desigualdad parecieron desvanecerse y olvidarse.

Pero lo más triste fue que las comunidades afrodescendientes, que habían depositado su confianza en ella, no recibieron ningún beneficio de su gobierno. La pobreza en estas regiones continuó, sin que se hicieran inversiones significativas para mejorar la calidad de vida de las personas.

Los líderes comunitarios comenzaron a cuestionar la verdadera intención de Francisca. ¿Acaso había utilizado la corriente afrocentrista solo como un medio para llegar al poder? ¿Realmente se preocupaba por la situación de las comunidades negras de Colombia o solo había utilizado el discurso populista para lograr sus objetivos políticos?

La verdad es que Francisca había olvidado sus raíces y la lucha por la igualdad que la había llevado a donde estaba. Había manipulado a las comunidades afrodescendientes para alcanzar sus ambiciones personales, sin importarle las consecuencias para ellos. Y ahora, estas comunidades seguían en la mala pobreza, preguntándose cómo habían sido tan fácilmente engañados por una política oportunista.

El objetivo principal de la corriente afrocentrista es reconocer la contribución de los pueblos africanos y afrodescendientes a la civilización y la cultura mundial, y afirmar su orgullo y autoestima a través de la valoración de su identidad cultural. En este sentido, la corriente afrocentrista ha sido una herramienta importante para la lucha contra la discriminación racial y la desigualdad.

Sin embargo, algunos políticos han utilizado de manera oportunista esta corriente, prometiendo a las comunidades afrodescendientes el acceso a servicios y oportunidades que nunca se materializan, y utilizando el discurso de la corriente afrocentrista para obtener votos. En muchos casos, estos políticos no tienen un verdadero compromiso con la causa de la igualdad racial y simplemente buscan beneficiarse de la manipulación de la opinión pública.

Como cualquier otra corriente ideológica, tiene sus desenfoques y críticas. Uno de los principales desenfoques de la corriente afrocentrista es su enfoque excesivo en el pasado y la creencia de que la cultura africana es superior a cualquier otra cultura. Esta creencia puede llevar a una falta de apreciación de otras culturas y a una visión estereotipada de la historia.

Otro desenfoque de la corriente afrocentrista es su tendencia a idealizar la cultura africana sin tener en cuenta las realidades actuales de los africanos y los afrodescendientes en todo el mundo. Muchos defensores de la corriente afrocentrista ignoran las desigualdades sociales y económicas que existen en las comunidades africanas y afrodescendientes y no abordan los problemas reales que enfrentan estas comunidades.

Además, algunos críticos argumentan que la corriente afrocentrista puede ser separatista y promover la división entre las comunidades en lugar de fomentar la inclusión y la diversidad cultural. En algunos casos, la corriente afrocentrista ha sido utilizada para fines políticos y ha sido adoptada por políticos para atraer a votantes de comunidades afrodescendientes, sin necesariamente abordar sus problemas reales.

ALGUNOS CRÍTICOS

Mary Lefkowitz: Es profesora emérita de humanidades clásicas en Wellesley College y autora del libro "Not Out of Africa: How Afrocentrism Became an Excuse to Teach Myth as History". En este libro, Lefkowitz argumenta que el afrocentrismo es un movimiento político más que un enfoque histórico riguroso.

Frank M. Snowden Jr.: Fue un historiador y profesor de la Universidad de Yale, conocido por su obra "Blacks in Antiquity". En esta obra, Snowden argumenta que los antiguos griegos y romanos eran más abiertos a la diversidad racial de lo que se cree comúnmente y que no había una barrera insuperable entre la cultura griega y la africana.

Martin Bernal: Es un académico británico y autor de la obra "Black Athena: The Afroasiatic Roots of Classical Civilization". En esta obra, Bernal argumenta que la cultura griega tiene raíces en el Oriente Próximo y África, y que los antiguos griegos habían tomado prestadas muchas ideas y conceptos de estas culturas.

Kwame Anthony Appiah: Es un filósofo y escritor ghanés-británico, autor de la obra "In My Father's House: Africa in the Philosophy of Culture". En esta obra, Appiah argumenta que la identidad africana es más compleja y diversa de lo que sugiere el afrocentrismo, y que la identidad cultural no debe estar basada únicamente en la raza o la geografía.

FEMINISMO

Marcela era una joven activista feminista que se había involucrado con un partido político que usaba el feminismo como una bandera para obtener votos. Al principio, Marcela estaba emocionada por las ideas que este partido promovía, especialmente la igualdad de género y el empoderamiento de las mujeres.

Sin embargo, a medida que Marcela se adentraba más en el partido, comenzó a notar que las promesas que hacían los políticos eran vacías y que solo se preocupaban por ganar votos. Además, había un grupo de mujeres dentro del partido que estaban adoptando posturas extremistas y radicales, lo que la llevó a preocuparse aún más.

Fue entonces cuando Marcela conoció a Miguel en una manifestación feminista. A pesar de tener opiniones diferentes sobre ciertos aspectos, Miguel y Marcela compartían el deseo de lograr la igualdad de género real y sostenible.

Miguel la ayudó a comprender que la verdadera lucha feminista es por la igualdad de género, y no por la eliminación de la masculinidad. Le habló de la historia del feminismo y cómo las feministas del siglo XIX habían luchado por la igualdad de derechos, no por la eliminación de los hombres.
Con el tiempo, Marcela comenzó a darse cuenta de que el partido político no estaba luchando por la verdadera igualdad de género y que las mujeres radicales estaban alejando la verdadera lucha feminista de sus raíces. Junto con Miguel, comenzaron a trabajar para educar a otros sobre los peligros del radicalismo en el movimiento feminista.

Después de algunos esfuerzos, lograron desenmascarar al partido político y a sus verdaderas intenciones. Más y más personas comenzaron a darse cuenta de que este partido no estaba luchando por la igualdad de género y que solo estaban utilizando el feminismo para obtener votos.

Gracias al trabajo de Ana, Miguel y otros activistas, el partido perdió apoyo y muchas de las mujeres que habían abrazado el radicalismo comenzaron a darse cuenta de que estaban alejándose de la verdadera lucha feminista. La lucha por la igualdad de género volvió a centrarse en la justicia y la igualdad para todos, tal como las feministas del siglo XIX habían luchado.

La lucha feminista originaria, que tuvo lugar en el siglo XIX y principios del XX, tenía como objetivo principal la igualdad legal de derechos entre hombres y mujeres, como el derecho al voto, a la educación y al trabajo remunerado. Esta lucha se enfocaba en cuestiones políticas y legales, y se centraba en la eliminación de las barreras que impedían a las mujeres acceder a la participación en la esfera pública.

Hoy se cuestiona la utilización del feminismo como una especie de "bandera política" por parte de la nueva izquierda para ganar votos o respaldo popular, sin que esto implique necesariamente un compromiso real con los derechos y las demandas de las mujeres. En este sentido, tambien algunos movimientos o partidos políticos han sido acusados de instrumentalizar el feminismo como una estrategia de marketing político, sin asumir de manera seria y efectiva las problemáticas específicas de género. Aquí hay algunos ejemplos:.

1 El partido político Podemos en España ha utilizado el feminismo como una de sus principales banderas políticas. En las elecciones generales de 2019

2 Un ejemplo reciente en Estados Unidos fue durante las elecciones presidenciales de 2020, donde la candidata Kamala Harris, quien se convirtió en la primera mujer y primera persona de origen afroamericano y asiático en ocupar el cargo de vicepresidenta, utilizó la ideología feminista como una de sus principales banderas políticas.

Si bien esto es importante en términos de inclusión y diversidad, algunos críticos argumentan que Harris y el partido demócrata utilizaron la retórica feminista para atraer el voto femenino, sin necesariamente abogar por políticas específicas que aborden las preocupaciones de las mujeres, como la igualdad salarial o el acceso a servicios de salud reproductiva.

3 En la India, el Partido del Congreso Nacional Indio ha utilizado el feminismo como una de sus principales banderas políticas, promoviendo medidas como la protección de las mujeres en el lugar de trabajo y el aumento de la participación de las mujeres en la política.

4 En Argentina, el Movimiento Evita ha utilizado el feminismo como una de sus principales banderas políticas, luchando por los derechos de las mujeres y la igualdad de género en la política y la sociedad.

LOS DESENFOQUES DE LA CORRIENTE FEMINISTA

La lucha feminista originaria se centraba en la igualdad legal de derechos entre hombres y mujeres, mientras que la lucha feminista actual se ha desplazado hacia temas más amplios. Aunque estos temas son importantes, algunos críticos argumentan que la lucha feminista actual ha dado lugar a desenfoques, como la demonización del hombre y la generalización.

Los desenfoques de la ideología feminista pueden afectar la relación entre hombres y mujeres, la construcción de la familia, la reproducción y el derecho a la vida.

1 *La demonización del hombre y la promoción de la superioridad de la mujer en algunos sectores del feminismo puede crear una brecha y un ambiente hostil entre ambos géneros, lo que puede dificultar la cooperación y la construcción de relaciones saludables y respetuosas.*

2 *Algunos sectores del feminismo promueven la idea de que la maternidad y la construcción de la familia son una carga para la mujer y que deben ser rechazadas en favor de la independencia y la realización personal. Esto puede llevar a la disminución de la tasa de natalidad y a la disminución de la importancia social y cultural de la familia.*

3 *La percepción del aborto por parte del feminismo actual y el feminismo originario difiere significativamente. El feminismo originario abogaba por la igualdad de derechos y oportunidades entre hombres y mujeres, así como por la autonomía y la libertad reproductiva de la mujer. Sin embargo, la mayoría de los movimientos feministas originarios no apoyaban el aborto como forma de ejercicio de esta libertad reproductiva, sino que se centraban en la prevención del embarazo no deseado a través de la educación sexual, el acceso a métodos anticonceptivos y el control de la natalidad.*

En cuanto al punto del aborto es importante destacar que se debe tener en cuenta no solo los derechos de la mujer, sino también los derechos del feto en desarrollo. El cuerpo del feto tiene derecho a ser respetado y protegido, independientemente de las circunstancias de su concepción. En este sentido, el derecho a la vida debe ser considerado como un derecho universal e inalienable, que protege a todas las personas, incluidos los seres humanos en etapa de gestación.

Los fundamentos ideológicos y legales en contra del aborto se basan en la protección del derecho a la vida, tanto del feto como de la madre. Quienes se oponen al aborto argumentan que el feto es un ser humano desde el momento de la concepción y, por lo tanto, tiene derecho a la vida y a la protección de su integridad física.

Es importante destacar que estos desenfoques no son inherentes al feminismo como tal, sino que corresponden a malas prácticas políticas o ideológicas que pueden tener lugar en cualquier ámbito o movimiento. De hecho, el feminismo como corriente de pensamiento y acción política ha contribuido de manera fundamental a la lucha por la igualdad de género y la defensa de los derechos de las mujeres en todo el mundo.

IDEOLOGÍA DE GÉNERO

Hace algunos años, en un laboratorio de investigación, trabajaban dos científicos, Ana y Carlos. Ana, una joven bióloga, estaba obsesionada con la idea de demostrar que la identidad de género es solo una construcción social y que cualquier persona puede cambiar su género biológico. Carlos, un neurocientífico de mediana edad, sostenía que las diferencias biológicas entre hombres y mujeres son innegables y están arraigadas en la biología humana.

Un día, Ana y Carlos decidieron realizar un experimento para resolver su discusión. Comenzaron por examinar la composición hormonal de un grupo de hombres y mujeres y encontraron diferencias significativas en los niveles de testosterona y estrógeno.

Luego, decidieron tomar una muestra de células de piel de cada participante y tratarlas con un cóctel hormonal que debería transformar las células masculinas en femeninas y viceversa. Después de varios días, examinaron las células transformadas bajo el microscopio y encontraron que las células masculinas tratadas con estrógenos habían desarrollado características femeninas y viceversa

.

Ana estaba emocionada por los resultados y le propuso a Carlos realizar el mismo experimento en ellos mismos para demostrar que la identidad de género es solo una construcción social. Carlos, un poco reacio, aceptó el desafío y comenzaron a administrarse hormonas del sexo opuesto.

Durante las primeras semanas, Carlos experimentó una serie de cambios físicos notables. Su voz se volvió más aguda y su cabello comenzó a crecer más rápido. Sin embargo, después de algunas semanas más, Carlos comenzó a experimentar una serie de efectos secundarios no deseados, como cambios en su apetito y patrones de sueño, y una sensación general de malestar.

Finalmente, después de varias semanas de tratamiento, Ana y Carlos concluyeron que, si bien las células de la piel pueden transformarse, el cuerpo humano es mucho más complejo y la identidad de género es una realidad biológica.

Aunque Ana se sintió un poco decepcionada, Carlos estaba satisfecho de que su hipótesis se hubiera demostrado correcta y, como amigos y colegas, decidieron seguir trabajando juntos en otras investigaciones.

LA IDEOLOGÍA DE GÉNERO COMO BANDERA POLÍTICA DE LA NUEVA IZQUIERDA

En los últimos años, la ideología de género se ha convertido en una bandera política de la Nueva Izquierda. Esta corriente sostiene que las diferencias entre hombres y mujeres son construcciones culturales y sociales, y que la identidad de género es una construcción personal que no está necesariamente vinculada al sexo biológico. Desde esta perspectiva, se ha promovido una agenda política en la que se busca ampliar los derechos de las personas LGBT, promover la igualdad de género y combatir la discriminación y la exclusión.

Sin embargo, esta ideología también ha generado críticas y controversias. Algunos sostienen que la promoción de la ideología de género puede llevar a una imposición de políticas y medidas que atenten contra la libertad individual y la diversidad cultural y de pensamiento. Además, se ha argumentado que la visión reduccionista y simplista de la realidad humana que propone la ideología de género puede llevar a negar la importancia de la biología en la vida humana, lo que puede tener consecuencias negativas en la salud y el bienestar de las personas.

En este contexto, es necesario analizar con cuidado los efectos que puede tener la ideología de género como bandera política de la Nueva Izquierda. ¿Es posible promover la igualdad de género y combatir la discriminación sin caer en la imposición de políticas y medidas que atenten contra la libertad individual y la diversidad? ¿Es posible tener una visión crítica y reflexiva sobre la ideología de género y sus posibles consecuencias?

Estas son preguntas importantes que deben ser abordadas con seriedad y profundidad. La ideología de género puede ser una herramienta útil para la promoción de la igualdad y la lucha contra la discriminación, pero también puede representar un riesgo para la libertad individual y la diversidad. Es necesario tener un enfoque equilibrado y reflexivo para abordar esta cuestión compleja y controvertida.

PUEDE UN HOMBRE CONVERTIRSE BIOLÓGICAMENTE EN MUJER?

La diferencia biológica entre hombres y mujeres se debe principalmente a la presencia de dos tipos de hormonas sexuales: la testosterona en los hombres y los estrógenos en las mujeres. Estas hormonas juegan un papel importante en el desarrollo y funcionamiento de los sistemas reproductivo, endocrino y nervioso.

Además de las hormonas sexuales, hay otras características biológicas que diferencian a los hombres de las mujeres. Por ejemplo, la anatomía reproductiva de los hombres y las mujeres es diferente, lo que les permite desempeñar diferentes funciones reproductivas. Los hombres tienen testículos y un pene, mientras que las mujeres tienen ovarios, un útero y una vagina.

También hay diferencias en la composición de la masa muscular y la distribución de la grasa corporal. Los hombres tienden a tener más masa muscular y menos grasa corporal que las mujeres, mientras que las mujeres tienden a tener más grasa corporal y menos masa muscular.

En el cerebro y el sistema nervioso también se encuentran diferencias entre hombres y mujeres. Por ejemplo, la región del hipocampo, que está involucrada en la memoria y la navegación espacial, es generalmente más grande en los hombres que en las mujeres. En cambio, la corteza prefrontal, que está involucrada en la toma de decisiones y el control de los impulsos, es generalmente más grande en las mujeres que en los hombres.

Estas diferencias biológicas son el resultado de factores como la genética, la composición hormonal, la evolución y el desarrollo fetal. Numerosos estudios científicos han demostrado la existencia de estas diferencias, incluyendo estudios de neuroimagen, estudios de anatomía y fisiología, y estudios genéticos.

En conclusión, la diferencia biológica entre hombres y mujeres es un hecho científico bien establecido y documentado. Estas diferencias se deben a una combinación de factores hormonales, genéticos y evolutivos, y dan lugar a diferencias en la anatomía, la fisiología y la función cerebral entre hombres y mujeres.

Numerosos estudios científicos han demostrado que hay diferencias biológicas entre hombres y mujeres en el cerebro, el sistema nervioso, el metabolismo, el sistema inmunológico y otros aspectos del cuerpo humano. Estas diferencias son el resultado de factores biológicos, como la composición hormonal, la genética y el desarrollo fetal.

Por ejemplo, el neurocientífico Simon Baron-Cohen ha demostrado que hay diferencias significativas en las habilidades cognitivas y emocionales entre hombres y mujeres. En su libro "El cerebro masculino" y "El cerebro femenino", Baron-Cohen argumenta que los hombres tienden a tener un mayor enfoque en la sistematización y la resolución de problemas, mientras que las mujeres tienden a tener un mayor enfoque en las habilidades sociales y emocionales.

Otro ejemplo lo encontramos en el libro "Por qué importa el sexo" del biólogo evolutivo David Page, quien argumenta que las diferencias en los cromosomas sexuales de hombres y mujeres pueden tener implicaciones importantes en la salud y la enfermedad. Según Page, estas diferencias son el resultado de la evolución y tienen consecuencias tanto para la biología reproductiva como para la salud general.

CONCLUSIÓN

En conclusión, el auge del populismo de izquierda y la nueva izquierda del siglo XXI han tenido un gran impacto en la política y la sociedad. Su política de identidad y las corrientes ideológicas que utilizan han cambiado la forma en que se abordan los temas políticos y sociales. Este libro proporciona una perspectiva crítica sobre estas corrientes y su influencia en la política actual. Es importante comprender estos temas para poder tener un discurso político justo y equilibrado.

@luzpolopereira

AGRADECIMIENTO

Todo sucede por una razón, es la frase predilecta de mi compañera de vida. Y, efectivamente, "todas las cosas nos conducen hacia el bien". Durante tres meses, estuve recluido en la cama a causa de un accidente; ese tiempo lo dediqué a tejer las palabras de este libro. Agradezco, oh Creador, por tener mis días en tus manos. Gracias, Osmaly, por tus cuidados tan bondadosos que no solo facilitaron mi recuperación, sino que también me infundieron la motivación necesaria para escribir.

BIBLIOGRAFÍA

Baron Cohen. "El cerebro masculino"

David Page. " Por qué importa el sexo?

Kwame A. Appiah. "In My Father's"

Martín Bernal. "Black Athena"

Frank M. Snowden Jr. "Black s in Antiquity"

Mary Lefkowitz. "Not out of África"

Agustin Lage. "La Batalla Cultural"

Jordan B. Peterson. "Más allá del orden"